RÉPONSE
DE
M. DE GUIGNES,

Aux Doutes proposés par Monsieur DESHAUTESRAYES, sur la Dissertation qui a pour titre :

Mémoire dans lequel on prouve que les Chinois sont une Colonie Egyptienne.

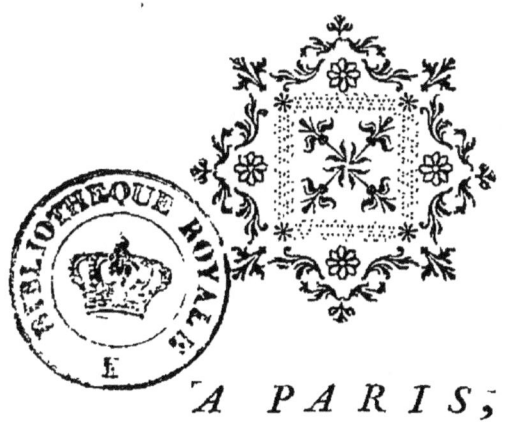

A PARIS,

Chez MICHEL LAMBERT, Imprimeur-Libraire, rue & à côté de la Comédie Françoise, au Parnasse.

M. DCC. LIX.

RÉPONSE
DE
M. DE GUIGNES,

Aux Doutes proposés par Monsieur DESHAUTESRAYES sur la Dissertation qui a pour titre :

Mémoire dans lequel on prouve que les Chinois sont une Colonie Egyptienne.

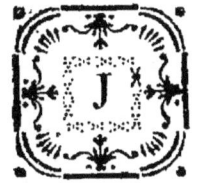'Avois résolu de garder le silence sur les Doutes que M. Deshautesrayes vient de publier, parce que mon dessein n'est pas de m'engager dans aucune dispute littéraire, & que j'aime beaucoup mieux m'approcher de mon but, que de m'ar-

A ij

rêter ainfi dans la route. D'ailleurs ces Doutes ne me paroiſſoient nullement fondés; mais comme on fait naître des difficultés pour avoir le plaiſir de les combattre, qu'on me fait dire ce que je n'ai pas dit, qu'on déguiſe en pluſieurs occaſions la vérité, & que par-là on ne laiſſe pas que d'en impoſer à la partie du Public qui n'entreprend pas d'examiner à fond cette matiere, j'ai cru devoir répondre en peu de mots, afin de détruire les impreſſions que ces Doutes peuvent faire naître.

Je cherche la vérité ſans détours. Je ſerai charmé que mes obſervations ſe trouvent fondées; mais ſi, par haſard, je venois à en découvrir le faux, je ſerois le premier à m'en déſiſter. Je recevrai avec plaiſir les avis ſolides dont on voudra bien me faire part; j'en ferai uſage; mais, je le répete, je ne veux point combattre perpétuellement des réflexions trop précipitées & qui n'ont point été méditées, telles que ſont les Doutes que je vais examiner. Ils ſont au nombre de vingt-trois, que je diviſe en trois claſſes.

Premiere Classe.

1°. Dans le premier doute, on ne trouve *ni probabilité ni vraisemblance à supposer que les Hieroglyphes tirent leur origine des Lettres alphabétiques.* Ce doute seroit fondé si je n'avois dit le contraire dans mon Mémoire, puisque, page 63, je pense avec M. Varburthon, que le premier alphabeth avoit emprunté ses élémens des hieroglyphes. Je me suis par-tout exprimé conformément à cette idée.

J'ai dit page 62 que les Lettres Beth, Daleth, Aïn, Schin, &c. étoient formées d'après la peinture de la chose signifiée ; donc je faisois entendre que les hiéroglyphes avoient donné naissance aux Lettres alphabétiques. J'ai dit encore page 63, que M. l'Abbé Barthelemy avoit mis cette excellente Théorie dans un plus grand jour, & j'ai adopté son sentiment. Page 59 j'ai dit encore, *de-là il est aisé de conclure que les Caractères Chinois ont été dans l'origine de purs hiéroglyphes.* N'est-ce pas donner l'antériorité aux hiéroglyphes sur les lettres alphabétiques ? Il est donc évident que ce doute eſt propoſé gratuitement.

2°. Le ſecond doute n'eſt qu'une répétition du premier, & on ne l'en a diſtingué que pour multiplier le nombre des difficultés apparentes.

3°. Dans le troiſiéme Doute, M. Deshautesrayes ſe preſſe un peu trop. Il falloit attendre un ouvrage plus étendu que la petite brochure que j'ai donnée & qui n'eſt qu'une annonce. C'eſt comme ſi, d'après un proſpectus, on alloit ſe plaindre qu'un Auteur n'a pas donné la ſolution de toutes les difficultés que préſente ſa matiere. Cependant il ne faut pas aller plus loin ſans faire quelques obſervations.

Auſſi-tôt, dit-on, que les caracteres alphabétiques furent inventés, les hiéroglyphes furent abandonnés aux Prêtres, qui en firent un myſtere. Je demande ici ſi l'on peut raiſonnablement ſoutenir cette aſſertion. Tous les monumens publics, toutes les petites figures deſtinées à la dévotion du Peuple étoient chargés d'hiéroglyphes ; étoit-ce afin qu'on n'y entendît rien ? Cela ne peut ſe ſoutenir. Adoptons cependant un moment un ſentiment ſi hazardé.

On fera obligé, dit-on, de transporter des Prêtres avec la Colonie. Je n'y vois aucun inconvénient ni aucune impossibilité. Mais en ce cas, ajoute-t-on, on demande 1°. Pourquoi ces Prêtres ont-ils permis à la Chine le libre usage des hiéroglyphes, pendant qu'ils étoient sur la réserve en Égypte? Je réponds, que je ne puis croire que les Prêtres seuls sçussent lire les hiéroglyphes. On demande 2°. pourquoi la Langue Egyptienne n'a pas prévalu à la Chine? 3°. Pourquoi les Prêtres Egyptiens n'y ont pas établi leur Religion? Je serois charmé que M. Deshautesrayes me dît, pourquoi la Langue & la Religion des Egyptiens n'ont pas prévalu dans la Gréce? Pourquoi les Francs n'ont pas donné leur Langue & leur Religion aux Gaulois vaincus? Pourquoi les Tartares n'ont pas fait de même à l'égard des Chinois qu'ils ont soumis? Je pourrois m'étendre sur ces articles; mais il me suffit pour le présent d'y répondre en peu de mots.

4°. M. Deshautesrayes dans son quatriéme doute, en conséquence du sentiment qu'il m'attribue, dit, ″ si les hié-
″ roglyphes ont précédé l'écriture alpha-

A iv

» bétique, pourquoi M. de Guignes fup-
» pofe-t-il que les hiéroglyphes commu-
» niqués aux Chinois par les Egyptiens,
» étoient compofés de lettres alphabéti-
» ques ? « Ce doute n'eſt fondé que ſur ce
que M. Deshautesrayes n'a pas bien
entendu mon Mémoire, où je dis que
les Egyptiens ont communiqué leur
écriture entiere aux Chinois, c'eſt-à-
dire, leurs hiéroglyphes & leurs Lettres alphabétiques ; ainſi ſa queſtion de-
vient inutile, puiſqu'une partie des caracteres Chinois ſont des hiéroglyphes,
les autres des lettres alphabétiques.

5°. On attaque dans le cinquiéme
doute la comparaiſon que j'ai propoſée
pour rendre plus ſenſible la maniere
dont je conçois que les Egyptiens ont
tranſmis aux Chinois leurs hiéroglyphes. Il eſt de la nature des comparai-
ſons d'être toujours défectueuſes. Tout
le monde connoît le proverbe. Si M.
Deshautesrayes en ſçait une plus exacte,
je l'adopterai volontiers. Mais il ne
doit pas ignorer qu'en rejettant cette
comparaiſon, que je crois aſſez juſte,
le fait n'en exiſte pas moins. S'il n'y
avoit de vrai que les faits deſquels on
peut dire qu'ils ſont arrivés de telle ou

telle façon, beaucoup de faits vrais se trouveroient faux. L'Amérique est peuplée, nous ignorons de quelle maniere elle l'a été. Je tâche d'expliquer comment les Egyptiens se sont conduits avec les Chinois; mais je ne me flatte pas de réussir, & ce peu de succès n'infirme pas le fait que je veux établir. Nous trouvons les Lettres Egyptiennes à la Chine, voilà le fait. Comment cela est-il arrivé ? C'est sur quoi l'on m'attaque ici, & c'est ce que j'abandonne, parce que cela ne m'intéresse point. M. Deshautesrayes trouve une grande facilité à faire comprendre à des Sauvages le système alphabétique. Nous pouvons en juger par le temps que des personnes d'un certain âge employent à apprendre à lire.

6°. Dans le sixiéme doute, l'Auteur est en contradiction avec lui-même. Comme je trouve dans les caracteres Chinois des Lettres Phéniciennes, il dit que les hiéroglyphes n'ont rien de commun avec ces lettres. Mettons ceci à côté du second doute, où il dit qu'Athotès, Roi d'Egypte, inventa les élémens de l'alphabet qui fut usité en Phénicie, en Chaldée, &c. Donc les Lettres Phéniciennes sont les mêmes que les lettres alphabétiques Egyptiennes, qui sont dérivées des hiéroglyphes, & ce sont ces dernieres que je retrouve dans un grand nombre de caracteres Chinois. Le reste du doute roule encore sur cette fausse supposition si rebattue, à laquelle je ne dois plus répondre, puisque je n'ai jamais dit que les lettres fussent plus anciennes que les hiéroglyphes.

7°. Dans le septiéme doute, M. Deshautesrayes témoigne sa surprise que je n'aie point fait usage du texte de S. Clément d'Alexandrie, préférablement à celui de Porphyre, sur les différentes sortes d'écritures qui étoient employées par les Egyptiens. Je n'ai nommé ni Porphyre ni S. Clément d'Alexandrie, parce que je n'ai voulu donner la préférence à aucun. Si je l'eusse fait, on auroit été en droit de me demander la raison de cette préférence ; alors il m'auroit fallu citer les textes des deux Auteurs, les comparer l'un avec l'autre, distinguer ce qu'ils ont de commun de ce qui leur est particulier, assigner les défauts de l'un, examiner si l'autre n'en renferme point aussi quelqu'un, ou, du moins, essayer de les concilier, s'ils sont susceptibles de quelque conciliation. Je doute fort qu'un tel détail eût été agréable au Lecteur, & qu'il m'eût sçu gré de m'y être livré. Du moins il ne devoit point s'attendre de trouver dans un premier essai une discussion de cette nature, qui, d'ailleurs, est totalement étrangere à mon objet. Porphyre, S. Clément d'Alexandrie & tous ceux qui ont parlé des Caracteres Egyptiens, s'accordent en ce point, que ces Peuples se servoient de deux sortes d'écritures, l'une hiéroglyphique, & l'autre épistolique. Cela suffisoit au dessein que je m'étois proposé. Mon but étoit de retrouver chez les Chinois les deux sortes d'écritures que les Anciens & les Modernes nous assurent avoir été en usage dans l'Egypte. J'ai retrouvé chez les Chinois, non-seulement le caractere épistolique, mais encore l'hiéroglyphique, le symbolique & tous ceux qu'on peut regarder comme des subdivisions de l'hiéroglyphique ; j'ai donc rempli mon objet, autant qu'il étoit possible de le faire dans un essai, où il ne devoit être question que d'exposer au Public mes premieres vûes sur les Caracteres Chinois.

Ceux qui seront curieux de voir lequel de ces deux Auteurs mérite la préférence, pourront confulter Monfieur Varburthon qui les a difcutés avec autant de lumiere que d'érudition ; & je ferai fort furpris, fi, après avoir lu le long Commentaire de ce Sçavant, ils fe perfuadent, comme M. Deshautesrayes, qu'il n'a pas entendu le Paffage de S. Clément d'Alexandrie, & s'ils lui préferent l'explication du Chevalier Marsham.

Tels font les premiers doutes propofés par M. Deshautesrayes. Il en a luimême fenti la foibleffe, puifqu'il ne les qualifie que de préfomptions ; car quelque force qu'il leur fuppofe, il n'ignore pas qu'une préfomption n'eût jamais la force d'infirmer un fait établi. Mais quelles font ces préfomptions ? On l'a vû ; des idées que je n'ai point eues & que je n'ai point propofées ; des allégations détruites par mon Précis que le Cenfeur avoit fous les yeux ; des chofes étrangeres à mon objet ; enfin, des répétitions affectées pour groflir le nombre des objections.

SECONDE CLASSE.

Les doutes qui fuivent ont un rappour plus direct à mon Ouvrage. Monsieur Deshautesrayes y critique la comparaison que j'ai faite des Caracteres Égyptiens & Phéniciens avec les anciens Caracteres Chinois. Cette Critique, je l'avoue, détruiroit tout ce que j'ai dit à cet égard, si elle étoit fondée ; mais la seule représentation des anciens Caracteres Chinois suffit pour la faire tomber ; & si M. Deshautesrayes eût consulté avec plus d'attention les Dictionnaires qui les contiennent, il se seroit épargné la peine de détailler ces Doutes, & à moi celle de lui répondre.

8°. Son huitiéme doute a pour objet ce que j'ai dit de la Lettre Phénicienne *Jod*, & du signe par lequel les anciens Chinois désignoient la main. Je conviendrai sans peine, avec M. Deshautesrayes, que le Caractere Chinois *Tchao* qui a quelque rapport avec le *Jod* Phénicien, ne signifie point la main ; aussi n'est-ce point ce Caractere que j'ai employé. Mais M. Deshautesrayes ne sçauroit disconvenir que les deux Caracteres *Yeou* & *Tço* ne signifient la main gauche & la main droite, comme le *Jod* Phénicien désigne la main. La forme fous laquelle il a repréfenté ces deux Caracteres, n'eſt pas la ſeule qui leur ait été donnée par les Chinois. Il en eſt une autre que Monſieur Deshautesrayes n'a point apperçue. On peut voir ſur la Planche les Caracteres *Tço* & *Yeou*, qui font tracés en difſérens ſens oppoſés: le premier ſignifie la main gauche, & le ſecond la main droite. Or, ces deux Caracteres anciens ont une entiere reſſemblance avec le *Jod* Phénicien. Les yeux ſeuls, comme le dit M. Deshautesrayes, peuvent en juger. Une reſſemblance ſi marquée ne paroît pas être l'effet du hazard; elle annonce au contraire l'origine commune de ces Caracteres.

Voyez la Planche N°. 4.

9°. Dans le neuviéme Doute, Monſieur Deshautesrayes avance que le Caractere *Ye* n'a preſque aucun rapport pour la figure avec l'*Aleph* Phénicien. Sa critique reſtrainte par ce *preſque*, eſt un aveu qu'on peut, du moins, appercevoir quelque reſſemblance entre ces deux Caracteres; mais pour faire diſparoître cette reſſemblance, il prétend que le Caractere *Ye* n'eſt que la petite ligne horifontale qui ſe voit à côté de la figure qu'il a fait graver, & que les

Voyez la Planche N°. 1.

traits qui la couvrent n'ont été ajoutés qu'après coup, pour arrêter la mauvaise intention de ceux qui voudroient altérer les Chiffres. Ce sont-là des suppositions gratuites & des conjectures sans preuves. La précaution d'une figure étrangere ajoutée au Caractere, n'est pas suffisante pour arrêter la mauvaise volonté d'un faussaire. Admettons cependant la supposition. M. Deshautesrayes, du moins, ne pourra pas nier que ce Caractere *Ye* ne soit souvent dans la composition des Caracteres antiques une ligne perpendiculaire, comme l'*Aleph* l'est dans les Alphabets Orientaux; mais si on rejette cette conjecture non prouvée, & qu'on regarde ce Caractere comme un Caractere ancien, tel qu'il l'est en effet, on sera forcé de convenir de sa conformité assez exacte avec l'*Aleph* Phénicien ; & cette conformité eût été plus sensible aux yeux des Lecteurs, si M. Deshautesrayes eût fait graver le Caractere Phénicien dans la même proportion que le Caractere Chinois.

Quant à la signification, je pense que M. Deshautesrayes ne me contestera point que le Caractere *Ye* ne signifie *premier*. De cette signification dérive celle de prééminence que l'*Aleph* a encore dans toutes les Langues Orientales. Cette idée de premier ne lui a été attachée dans ces Langues, que parce qu'il se trouve à la tête de tous leurs Alphabets. Je demande à M. Deshautesrayes pourquoi le Caractere Chinois qui lui ressemble & qui représente la même idée, tient aussi le premier rang dans l'ordre des Caracteres ?

10°. Dans le dixiéme doute sur le *Daleth* des Hébreux & des Phéniciens, M. Deshautesrayes se condamne lui-même. Une simple vûe du Caractere Phénicien *Daleth* & du Chinois *Hou*, tels qu'il les a lui-même fait graver, auroit dû lui en faire appercevoir la parfaite ressemblance, & l'arrêter dans sa critique, puisque cette ressemblance me suffisoit pour l'établissement de la proposition que j'avois avancée. S'il eût porté ses recherches plus loin, il auroit encore trouvé dans les différentes formes des Caracteres *Hou* & *Muen* qui désignent une porte, des figures dont la conformité n'est pas moins sensible avec le *Daleth* Phénicien. Ces mêmes recherches lui auroient fait découvrir le Carac-

Voyez la Planche N°. 3.

tere

tere Chinois, qui exprime une porte, figuré comme le *Daleth* des Hébreux, à la seule différence qu'il est retourné. De semblables différences se remarquent dans les Langues dont les Alphabets sont empruntés des Phéniciens, sans faire méconnoître leur origine. La conformité des traits qui forment ces différens Caracteres se trouve soutenue par leur signification commune, puisque *Hou* ou *Muen* en Chinois signifient une porte, comme le *Daleth* en Hébreu & en Phénicien, ce qui ne peut être nié par M. Deshautesrayes.

11°. La représentation des figures est la seule réponse que j'aie à faire à M. Deshautesrayes sur l'onziéme Doute qu'il propose. Le Caractere *Mo* qui signifie un œil, comme l'*Ain* chez les Orientaux, est un *O* ou un petit cercle. On le voit par les figures mêmes qu'il a fait graver. Quelques lignes ou points ajoutés dans le cercle, ne défigurent point ce Caractere, & n'empêchent point de le reconnoître. On sçait que les mêmes Caracteres, en passant d'un Peuple à un autre, ont souvent subi quelque altération ; mais les traits principaux que les changemens n'ont point effacés, attestent toujours leur origine.

Voyez la Planche N°. 5.

B

12°. Sur le douziéme Doute, je convient qu'il faudroit avoir bien de la complaisance pour trouver qu'une Lettre Phénicienne, qui n'est composée que de trois traits, a de la ressemblance avec un Caractere Chinois composé de quinze traits; mais M. Deshautesrayes auroit dû se rappeller qu'il ne s'agit point ici du Caractere moderne. Sans une complaisance outrée on peut trouver quelque rapport entre l'ancien Caractere Chinois *Tchi* & le Caractere Phénicien *Schin*. Ce rapport s'entrevoit dans une des figures que M. Deshautesrayes nous a lui-même données. On y trouve trois dents de chaque côté comme dans le *Schin* Phénicien; mais ce rapport eût été beaucoup plus sensible, si l'on eût représenté les anciens Caracteres. Le *Tchi* s'y trouve peint comme un demi-cercle, auquel tiennent intérieurement de chaque côté trois dents, ou comme une portion de cercle surmonté de quatre dents. Ces figures dont on ne peut contester le rapport avec le *Schin* Phénicien, ont été visiblement formées de l'ancien Hiéroglyphe, ou de la peinture d'une machoire garnie de ses dents; mais en passant du Caractere hiéroglyphique au

(marginal note: Voyez la Planche N°. 7.)

Caractere épistolique ou alphabétique, la masse entiere de la peinture n'a point subsisté, elle a été simplifiée, & l'on n'en a conservé que les traits suffisans pour donner une idée du tout. Ces altérations sont même prouvées par les Caracteres Chinois qui sont plus ou moins chargés de dents. La conformité marquée entre l'ancien Caractere Chinois & le Caractere Phénicien se trouve encore soutenue ici, comme dans les autres, par une signification commune. De l'aveu de M. Deshautesrayes l'ancien Caractere Chinois *Tchi* désigne la machoire & les dents comme le *Schin* des Phéniciens.

13°. Il en est du treiziéme doute, comme du précédent. M. Deshautesrayes y suppose que j'ai comparé le *Beth* des Hébreux avec les trois Caracteres Chinois modernes qu'il a représentés. Pouvoit-il oublier que, me proposant de trouver l'origine de l'Ecriture Chinoise, je devois écarter les Caracteres modernes pour ne faire attention qu'aux anciens? S'il eût consulté, comme il le devoit, ces Caracteres anciens, il auroit trouvé parmi eux le Caractere *Fang*, Voyez la dont la seule inspection, sans aucune Planche N°. 2.

prévention, annonce fa conformité avec le *Beth* des Hébreux ; & il auroit remarqué que ce Caractere en Chinois fignifie *clorre , enfermer , environner* , qui eft l'idée attachée au *Beth* des Hébreux & des autres Orientaux.

Le reproche que me fait Monfieur Deshautesrayes de mettre à contribution les différens Alphabets Orientaux pour en comparer les élémens avec les Caracteres Chinois, ne peut être férieux de fa part. Il avoue, lui-même l'origine commune des Caracteres alphabétiques des divers Peuples de l'Orient; répétons fon aveu : *Athotès* , nous dit - il, *inventa les élémens de l'Alphabet. La facilité de cette derniere Ecriture en répandit promptement l'ufage non-feulement dans toute l'Egypte , mais encore en Phénicie , dans la Chaldée & dans plufieurs autres Royaumes*. Mais Monfieur Deshautesrayes n'eût-il point fait cet aveu , leur origine ne feroit pas moins certaine. La comparaifon des différens Alphabets Orientaux fuffit pour convaincre qu'ils dérivent tous de la même fource, & que dans leur principe ils font un feul & même Alphabet. Si des traits par lefquels font formés les Caracteres de cet Alphabet, on est en droit de conclure qu'ils sont originairement Egyptiens ou Phéniciens, la découverte de ces mêmes traits dans les anciens Caracteres Chinois n'opere-t-elle pas la même conclusion, sur-tout lorsque cette conformité de traits se trouve jointe à l'uniformité de la signification ?

14°. Le quatorziéme Doute est détruit par l'inspection seule du Caractere Chinois *Hia* qui en est l'objet. Quelque déterminé que soit Monsieur Deshautesrayes à contredire indistinctement tout ce que j'ai avancé, je n'imagine point qu'il puisse nier que ce Caractere *Hia* ne soit composé de *Ya*, qui signifie les dents, & du Caractere *Muen*, qui désigne une porte. Ces deux Caracteres étant, comme on l'a vû ci-dessus, les mêmes que le *Schin* & le *Daleth* des Hébreux ou des Phéniciens, il en résulte pour la prononciation *Schad*; mais le Caractere *Muen*, qui est le *Daleth* Phénicien, étant doublé, j'ai été autorisé à lire *Schadad*. Il est vrai que le Caractere Chinois n'est composé que de deux radicales; mais il faut observer, comme je viens de le dire, & comme on le voit dans la fi-

Voyez la Planche N°. 8.

gure donnée par M. Deshautesrayes, que l'une de ces radicales eſt doublée. La conformité de ſignification du Caractere Chinois avec celle du mot Hébreu ou Phénicien qui s'y retrouve, eſt auſſi avouée par M. Deshautesrayes. Il convient, d'après ſon Dictionnaire, que le mot Chinois ſignifie faire une ouverture, déchirer. C'eſt une des idées attachées au mot Phénicien *Schadad*, qu'on prononce auſſi *Schadd*. La difficulté de M. Deshautesrayes eſt donc fans objet, & ſe trouve détruite, ſoit par la figure du Caractere qu'il produit, ſoit par la ſignification qu'il ne peut s'empêcher de lui donner.

15°. Au lieu de *la plûpart*, liſez *pluſieurs*, & l'on verra tomber la difficulté élevée par M. Deshautesrayes dans ſon quinziéme Doute, ſur le nombre des Rois d'Egypte dont les noms ſont terminés en *phis*.

Il ne peut croire que j'ai trouvé le mot *Phii* dans le Caractere Chinois *Kiun* qui ſignifie Prince ou Roi. S'il eût voulu ouvrir le Dictionnaire des anciens Caracteres Chinois, ſon doute n'auroit pas ſubſiſté long-temps. Il y auroit trouvé ce mot *Kiun* exprimé par deux *Jod* Phéniciens accolés ou à côté

Voyez la Planche N°. 9.

l'un de l'autre avec un *Phé* entre deux. Ces trois Caracteres ainsi réunis, donnent certainement le mot *Phii*.

La signification déterminée que M. Deshautesrayes convient que le mot *Kiun* a en Chinois, & le résultat des Caracteres Phéniciens avec lesquels les Chinois ont peint ce mot, m'ont conduit à conjecturer que le mot *Phis* qui se trouve à la fin des noms Egyptiens, répondoit à ce Caractere.

16°. Dans le seiziéme Doute M. Deshautesrayes prend le ton haut & décisif; mais ce ton, fût-il encore plus élevé, ne décide rien. Pour critiquer à son aise, il adopte ou il écarte à son gré ce qu'il lui plaît. Il trouve dans quelques-uns des Caracteres que j'ai cité des Hiéroglyphes qui ont pû être inventés par différens Peuples, sans aucune communication entr'eux; mais il passe sous silence des Caracteres symboliques, qui, étant arbitraires de leur nature, décelent une origine commune, & ne peuvent partir que d'une même source. Ainsi il ne dit rien de l'aîle éploiée, qui, parmi les Chinois signifie le Ministre d'un Prince, ni du bonnet qui, chez le même Peuple, désigne Voyez la Planche N°. 10 & 11.

une grande charge dans l'Etat. Que M. Deshautesrayes jette les yeux sur les monumens Egyptiens, il y trouvera ces symboles souvent retracés.

La haine, ai-je dit, s'exprimoit chez les Egyptiens & chez les Chinois par deux Animaux antipatiques. Cet exemple, selon M. Deshautesrayes ne peut être concluant, parce qu'il faudroit encore que ces animaux fussent les mêmes dans le Hiéroglyphe usité chez l'un & l'autre Peuple. Ce raisonnement suppose que les Egyptiens eux-mêmes se servoient invariablement des mêmes animaux pour exprimer cette passion ; mais cette supposition est contraire à ce que nous connoissons des anciens Hiéroglyphes de ce Peuple. La lecture d'Horus Apollo que M. Deshautesrayes a faite, a dû lui apprendre que les Egyptiens employent souvent différens symboles pour exprimer la même idée, comme ils représentoient quelquefois des idées différentes par un même symbole.

L'Hiéroglyphe usité chez les Egyptiens pour exprimer la haine, étoit, continue M. Deshautesrayes, le poisson. Cet animal, je l'avoue, faisoit partie de l'un des fymboles en ufage pour défigner cette paffion; mais il n'étoit pas le feul, il falloit qu'un autre lui fût joint. La nature du fymbole l'exigeoit, fans cela il eût été inintelligible. L'idée de la haine étant une idée relative, on devoit trouver quelque relation dans le fymbole fous lequel on la repréfentoit; il étoit donc néceffaire de joindre au poiffon un autre animal qui fût fon ennemi & qui eût une antipatie marquée contre lui; c'eft ce qui me porte à croire que dans l'Infcription fymbolique du Temple de Sais, il ne faut point féparer l'épervier du poiffon, & qu'on doit la traduire ainfi : *O vous qui naiffez & vous qui mourez*, c'eft-à-dire, jeunes & vieux, *haïffez ou déteftez l'impudence.* S. Clément d'Alexandrie dans l'explication qu'il nous a donnée de cette infcription, a détaché la figure de l'épervier de celle du poiffon & les a regardés comme deux fymboles différens, l'un de la divinité, & l'autre de la haine. Il s'eft vraifemblablement perfuadé que l'épervier ne pouvoit être chez les Egyptiens le fymbole que de la Divinité, ou des Etres auxquels ils l'attribuoient; mais cet oifeau étoit le fymbole de plusieurs choses différentes ; on l'employoit seul pour exprimer aussi l'élévation, l'abaissement, le sang, la victoire, un avare, un homme léger à la course, &c. mais lorsqu'il entroit dans la composition d'un symbole, comme dans l'inscription du Temple de Sais, & qu'il se trouvoit joint à un autre animal, il marquoit la haine.

M. Deshautesrayes conteste le dernier exemple que j'ai rapporté de la conformité des Hiéroglyphes Chinois avec ceux des Egyptiens. Cet exemple est celui d'un cercle avec un petit animal au milieu, *Voyez la Planche N°. 12.* que j'ai dit être le symbole du Soleil chez les deux Peuples. M. Deshautesrayes m'auroit fait grace sur l'Hiéroglyphe Egyptien, si au lieu d'un petit animal j'eusse dit un Scarabée, qu'il me permettra cependant de mettre dans le genre des animaux, quoiqu'il soit compris dans la classe des insectes. Pour l'Hiéroglyphe Chinois, je suis encore forcé de le renvoyer à son Dictionnaire des anciens Caracteres. Qu'il se donne la peine de l'ouvrir, il y trouvera un oiseau ou insecte volant au milieu d'un cercle employé pour exprimer le Soleil, de la même maniere que les Egyptiens le représentoient.

Ce même Dictionnaire lui apprendra encore que chez les anciens Chinois le Caractere *Chang* qui signifie haut, élevé, s'écrivoit par une ligne horisontale ou par une ligne courbe, avec un point ou une boule au-dessus. Qu'il consulte aussi les monumens Egyptiens, les Obélisques, la Table Isiaque, &c. il y retrouvera ce même Hiéroglyphe, dont la signification ne paroît pas devoir être équivoque. Sa position au-dessus du symbole du Soleil & dans le même cercle, ne permet pas de douter qu'il ne signifie haut & élevé, épithète qui convient à cet Astre que les Egyptiens regardoient comme le Dieu très-haut. Voyez la Planche N°. 13.

TROISIÉME CLASSE.

Les Doutes que M. Deshautesrayes propose ensuite contre ce qu'il lui plaît d'appeller mes Preuves historiques, n'ayant point de rapport à la conformité des anciens Caracteres Chinois, avec les Caracteres Egyptiens, que j'ai commencé d'établir, je pourrois me dispenser d'y répondre. Aux faits le plus solidemement constatés il s'en trouve souvent d'accessoires qui y sont joints & qui sont susceptibles de difficultés ; mais ces difficultés n'ébranlent point la certitude des faits principaux, lorfqu'elle fe trouve prouvée. Quand donc parmi ces nouveaux doutes il s'en trouveroit quelqu'un auquel je ne ferois pas en état pour le préfent d'oppofer une folution entierement fatisfaifante ; je vais même plus loin, quand il refteroit encore quelque difficulté de cette nature, lorfque j'aurai établi mon fyftême & que je l'aurai prouvé, je ne me croirai point obligé de l'abandonner, ni même d'y changer la moindre chofe.

Examinons cependant fi les nouvelles difficultés de M. Deshautesrayes font auffi tranchantes qu'il le fuppofe ; mais auparavant je ne puis me difpenfer de réclamer fa bonne foi. Lui permettoit-elle de préfenter ce qui termine mon Précis comme des preuves hiftoriques de ma part ? N'a-t-il pas dû s'appercevoir en le lifant que je n'offrois encore que de fimples conjectures, auxquelles même je ne tenois pas beaucoup ? Mes expreffions qui marquoient mon doute & mon incertitude pouvoient-elles lui en donner une autre idée, & la précaution que j'ai prife de déclarer expreſſément que je n'affirmois encore rien, n'étoit-elle pas ſuffiſante pour le faire juger du dégré de valeur que je donnois moi-même à ces prétendues preuves? En effet, je ne les ai expoſées que comme de premieres vûes, que je me ſuis réſervé la liberté de ſoumettre à un nouvel examen, & même d'abandonner, ſi je ne les trouvois pas ſuffiſamment autoriſées.

17°. M. Deshautesrayes pouvoit le conclure de la maniere dont j'ai propoſé ce que j'ai dit de cette Nation ſauvage & barbare qui ſubſiſte à la Chine, & qui s'eſt retirée dans les montagnes, d'où elle fait des courſes dans les environs. Je n'ai point affirmé que ce fût un reſte des anciens Sauvages du Pays, qui, à l'arrivée des Egyptiens, s'étoient retirés dans les montagnes; je me ſuis contenté de demander en doutant, ſi on ne pouvoit pas les regarder comme tels. Si je n'ai point ajouté que cette Nation ſauvage s'appelle *Miao*, *San Miao*, & *Miaoſſé*, c'eſt parce qu'il étoit aiſé de la reconnoître à ce que je diſois, & que d'ailleurs n'écrivant point l'Hiſtoire de la Chine, une déſignation plus particuliere devenoit inurile. L'impoſſibilité que M. Deshautesrayes trouve à concilier ce qu'on lit dans les Hiſtoriens Chinois des commencemens des Guerres de cette Nation ſous *Yao*, & même antérieurement, avec l'époque de ma Colonie Egyptienne dans la Chine, pourroit être une objection pour celui qui admettroit l'authenticité de l'ancienne Hiſtoire Chinoiſe relativement à la Chine; mais elle n'en eſt point une pour moi qui révoque en doute cette authenticité. (*) Ce que je penſe de cette partie de l'Hiſtoire Chinoiſe eſt ſuffiſamment expoſé dans le précis de mon Mémoire; & M. Deshautesrayes, pour éviter le ſophiſme, auroit dû s'abſtenir, du moins quant à préſent, d'en tirer aucune induction contre moi.

18°. Il m'accuſe d'infidélité, parce qu'en diſant qu'il y a des Peuples dans le *Tatſin*, qui ont une origine commune avec les Chinois, je n'ai pas ajouté que ce trait eſt tiré de Matuonlin. Cette critique ne ſe trouve placée ici que pour

―――――――――――

(*) Voyez ma Lettre inſérée dans le Journal des Sçavans du mois de Décembre 1757 Tome I, & dans le V Tome de mon Hiſtoire des Huns.

faire parade d'érudition Chinoife ; car que ce fait foit rapporté par Matuonlin ou par quelque autre, il n'en eft pas moins vrai qu'il fe trouve dans l'Hiftoire Chinoife. Un Auteur qui rapporte un fait configné dans quelque Hiftorien d'une Nation a-t-il jamais été regardé comme infidele, parce qu'il n'aura pas voulu, ou qu'il aura oublié de défigner l'Hiftorien où il a puifé ce fait, fur-tout quand il ne le juge pas effentiel à l'objet qu'il traite ? Ne fuffit-il point pour l'exactitude qu'il ne l'ait point imaginé & qu'on life effectivement ce fait dans un Hiftorien ?

M. Deshautesrayes ne peut difconvenir que par le *Tatfin*, les Chinois n'aient entendu l'Empire Romain, & n'eft-il pas certain que l'Egypte faifoit partie de cet Empire ? Sa critique tombe fur l'étendue que Matuonlin a donnée à l'Empire Romain, dans lequel il prétend qu'il n'a point compris l'Egypte; mais il n'ignore pas que les Ecrivains Chinois font dans l'ufage de s'exprimer comme le faifoient leurs Ancêtres; & que ces derniers ayant compris l'Egypte dans le Pays de *Tatfin*, Matuonlin a dû auffi l'y comprendre. La prétendue preuve du contraire alléguée par M. Deshautesrayes n'est qu'une proposition conditionnelle, dont on peut lui contester l'application. Si le *Jo choui* n'est pas la mer morte, comme il le prétend, le Pays de *Si-vang mou* ne sera ni la Syrie ni l'Egypte. Ces noms pouvant désigner une autre mer & un autre pays, son raisonnement perd toute sa force. Il a bien senti qu'on pouvoit lui contester l'explication de ces noms; car il permet de supposer que Matuonlin, en parlant de ceux du Pays de *Tatsin*, qui ont une origine commune avec les Chinois, avoit en vûe les Egyptiens; mais pour détruire l'induction qui suit naturellement de cette supposition, il demande si les Egyptiens tirent leur origine des Chinois, & il ne fait pas réflexion qu'il a lui-même répondu à sa question, en nous renvoyant à l'amour-propre des Chinois. En effet, cette Nation vaine qui s'éleve au-dessus de toutes les autres, aura bien voulu se persuader que ceux mêmes auxquels elle étoit redevable de son Gouvernement & de sa Police, lui devoient leur origine.

19°. Tout ce qu'ajoute M. Deshautesrayes sur la réputation des Chinois, fur l'aûthenticité de leurs écrits, n'eft, comme je l'ai déja fait obferver, qu'une pétition de principe, qui, dans la difpute, ne produit que des fophifmes. Il auroit dû faire attention que, puifque je révoquois en doute la certitude de l'ancienne Hiftoire Chinoife relativement à la Chine, cette même Hiftoire ne pouvoit plus lui fournir d'armes contre moi.

Les prétendues difficultés contenues dans le même article ne font pas affez réfléchies de fa part. Il lui paroît que les Princes Chinois Egyptianifés fe feroient méprifés eux - mêmes, s'ils avoient quitté leurs propres noms pour les remplacer par des monofyllabes. Les Princes dont il s'agit n'ont jamais regné à la Chine, mais en Egypte; & ce font les Egyptiens qui, long - temps après, ont porté une Chronique ancienne de l'Egypte, dont ils ont fait la tête de l'Hiftoire Chinoife. Ainfi ces Princes ne veilloient point à ce qu'on les appellât par leur véritable nom. Je ne fçais comment M. Deshautesrayes n'a pas lû cela dans mon Mémoire.

Il eft impoffible que M. Deshautesrayes, & tout autre Sçavant, foient affez au fait de l'orthographe & de la dans ce nom; mais ici, comme ailleurs, il n'a pas ofé hazarder une objection directe; il a préféré cette attaque indirecte, quoiqu'il ne puiffe ignorer que chez les Orientaux les Princes font plus fouvent nommés par les qualifications qu'ils ont prifes, ou qu'on leur a données, que par leurs noms propres.

La citation de Mengtzé, & les réflexions dont M. Deshautesrayes l'accompagne, retombent encore dans la pétition de principe; elles fuppofent, ce qui eft en queftion entre nous, l'authenticité de l'ancienne Hiftoire des Chinois, relativement à la Chine, que je contefte. On ne peut en faire aucun ufage contre moi, que lorfqu'on fera en état de juger des motifs de mon doute, c'eft-à-dire, lorfque je les aurai produits, & qu'on les aura folidement réfutés.

19°. M. Deshautesrayes paroît varier dans fa critique fur la fignification du nom du Fleuve *Hoang ho*. Après avoir dit qu'il n'a lû nulle part que ce Fleuve ait jamais porté le nom de Fleuve noir, il femble convenir qu'on peut l'appeler ainfi, lorfqu'il dit : *Quand même il auroit porté le nom de Fleuve noir*, il auroit pû ajoûter qu'il porte effectivement ce nom, puifque les Tartares, maîtres de la Chine, & qui entendent parfaitement le Chinois, le nomment *Cara moran*, qu'on ne peut traduire que par le Fleuve noir. Il en est du nom de ce Fleuve, comme de celui du Nil, que les anciens Naturels du Pays & les Phéniciens nomment *Schikhor*, dont la racine, dans leur Langue, signifie aussi-bien être noir qu'être jaune.

20°. On peut, sans refondre toutes ses connoissances sur l'ancienne Histoire d'Egypte, admettre des Rois dans ce Pays avant Menès. Immédiatement avant la fondation du Royaume de Thébes par ce Prince, l'Egypte sans doute n'étoit pas déserte. Elle étoit habitée par différentes Familles; ces Familles avoient leurs Chefs, & ce n'est point parler improprement, que de donner à ces Chefs le nom de Princes. Les Egyptiens eux-mêmes ne nous parlent-ils point d'un Osiris & d'un Orus qu'ils disent avoir regné avant Menès?

21°. M. Deshautesrayes critique & adopte en même-temps ce que j'ai dit de la Barbarie & de la Chine 1500 ans après Menès. Il convient que deux des fils de *Tay-vang*, qui donna à sa Famille ou Dynastie le nom de *Tchéou*, mécontens de leur pere, parce qu'il destinoit l'Empire à leur cadet, se retirerent chez les Peuples Barbares qui habitoient le Midi de la Chine. N'est-ce pas-là avouer ce qu'on conteste? Ces Barbares occupoient la Province de *Kiangnan*, où est *Nankin*, ancienne Capitale de la Chine, qui se trouve au milieu & pour ainsi dire au centre de l'Empire. Si cette Province, de l'aveu même des Auteurs Chinois, étoit encore toute barbare du temps du Fondateur de la Dynastie des *Tchéou*, qui est l'époque que je donne à la Colonie Egyptienne, que doit-on penser des Provinces voisines & plus méridionales? Ai-je donc eu si grand tort de dire, que 1500 ans après Yao la plus grande partie de la Chine étoit encore barbare?

22°. Si les Egyptiens, dit encore M. Deshautesrayes, établirent des Colonies à la Chine, ils durent y porter avec leurs Loix & leurs usages la Doctrine de la Métempsycose qui fleurissoit en Egypte dès les premiers temps de la Monarchie. Cette objection est hazardée. M. Deshautesrayes pourroit-il nous assigner l'époque de la Doctrine de la Métempsycose en Egypte? Nous sçavons par le témoignage d'Hérodote que cette Doctrine a pris naissance dans ce

Pays; mais cet Historien ne nous dit pas quand elle a commencé d'y être enseignée, ni encore moins qu'elle remonte aux premiers temps de la Monarchie. Cette Doctrine étoit-elle universellement reçue dans toute l'Egypte ? Il y a lieu d'en douter. Ce Pays étoit divisé en différens Royaumes, & chacun d'eux avoit son culte particulier; la Religion de Thébes n'étoit pas celle de la Basse Egypte, la Théologie par conséquent devoit être différente; une partie sans doute admettoit des dogmes que l'autre rejettoit. Enfin, que répondroit M. Deshautesrayes à celui qui se serviroit d'un argument pareil au sien pour nier que les Egytiens ayent jamais conduit des Colonies dans la Gréce ? Si, lui disoit-on, les Egyptiens ont établi des Colonies dans la Gréce, ils ont dû y porter le système de la Métempsycose. Or il est constant que les Grecs n'ont adopté que très-tard ce système, postérieurement au temps où l'on place l'arrivée des Colonies Egyptiennes; il n'y a donc jamais eu de Colonie Egyptienne dans la Gréce. M. Deshautesrayes admettroit-il cette conséquence ? S'il le faisoit, toute l'antiquité qui constate l'arrivée de Cécrops à Athènes, & celle de

Danaüs à Argos, déposeroit contre lui. Il faut aussi qu'il avoue que l'introduction du dogme de la Métempsycose dans la Gréce est postérieure de plusieurs siécles à l'arrivée de ces deux Egyptiens dans le Pays. Les Grecs n'ont eu la premiere connoissance de ce dogme que par Pythagore, postérieur d'environ neuf cens ans à Cecrops & Danaüs. Ce Philosophe l'ayant reçu des Prêtres d'Egypte dans ses voyages, le communiqua à ses Disciples qui le répandirent ensuite parmi les Grecs. *Quel fil sera propre à diriger M. Deshautesrayes dans les détours de ce labyrinthe ?*

23°. Je n'ai rien à répondre à la citation du Journal de Trévoux, par laquelle M. Deshautesrayes termine ses doutes, ni aux réflexions qu'il y joint. Ce qu'a dit le Pere Berthier dans ce Journal peut m'intéresser, mais je n'en ai point fait usage.

F I N.

APPROBATION.

J'AI lû par ordre de Monseigneur le Chancelier un Manuscrit intitulé : *Réponse de M. de Guignes aux Doutes proposés par M. Deshautesrayes, &c.* & il m'a paru qu'on devoit en permettre l'impression. A Paris, ce 6 Octobre 1759.   BARTHELEMY.

HEBREU		PHÉNICIEN	CHINOIS
Aleph .. A	א	⟊ ou ⟊ ou 十	⟊ ou ⟊
Beth ... B	ב	๑ ou ๑	⅃ ou ⌐
Daleth . D	ד	๑ ou ๑	๗ ou ๑ ou ๑ ou ๑
Jod I	י	ㄲ	⇃ ou ⇃ ou ⇃
Ain .... O	ע	O	8 ou ⊙ ou ⊖
Phe	פ		ⱳ ou ⱳ ou ⱳ
Schin	ש	ש ou V	ⱳ ou ⱳ ou ⱳ

Hia	rompre briser	ⱳ ou ⱳ	9	Kium Prince	ⱳ ou ⱳ

Chin *Ministre*   12. Ge *Soleil* ⊛   13. Chang *haut* — ou ⌣

Tcio *Charge*

P. L. Charpentier Sculp.

www.ingramcontent.com/pod-product-compliance
Lightning Source LLC
Chambersburg PA
CBHW061005050426
42453CB00009B/1265